# Personalidades em Poesias

*Diego Brito*

## Ficha catalográfica

S862a  Brito, Diego, 1982 -

Personalidades em poesias
/ Diego Brito. – Belo Horizonte:  Amazon, 2019. 116p.

ISBN13: 9781096794929

1.  Arte e literatura-  2. Poesia

I. Título

CDD:800     - CDU: 82-1

**Diego Brito**

## Dedicatória

"*Este livro é dedicado aos gigantes que passaram por aqui e deixaram sua marca no mundo*".

*Personalidades em Poesias*

# Sumário

Abraham Lincoln
Che Guevara
Cristovam Buarque
Lula
Mahatma Gandhi
Marina Silva
Martin Luther king
Nelsom Mandela
Juscelino/Tancredo
Helder/Boff/Beto
Madre Tereza de Calcutá
Martinho Lutero
São Francisco

*Diego  Brito*

São Paulo
Charles Darwin
Freud
Hipócrates
Jean-Jacques Rousseau
Michel Foucault
Milton Santos
Paulo Freire
Carlos Drummond de Andrade
Leonardo da Vinci
Machado de Assis
Nicolau Copérnico
Giordano Bruno
Johannes Kepler
Galileu Galilei
Isaac Newton
Albert Einstein

*Personalidades  em  Poesias*

Carl Sagan
Stephen Hawking
Alan Turing
Bill Gates
Steven Jobs

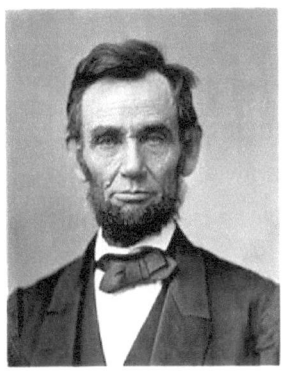

## *Abraham Lincoln*

Um exemplo de persistência,
resistência, resiliência e decência.
Dedicou sua vida a lutar por causas
justas.
Não teve medo da labuta.

Por causa de seu idealismo,
acumulou muitos inimigos.
Mas sua maior batalha,
foi contra a escravidão.
Pois precisou travá-la contra seus
próprios irmãos.

Em prol deste objetivo,
dividiu os Estados Unidos.
Entre o norte libertador e o sul
escravista, travando-se batalhas a
perder de vista.
Depois de muito sangue e muita dor,
triunfa o norte libertador.
Foi então que um governo,
do povo, com o povo e pelo povo,
se instaurou.

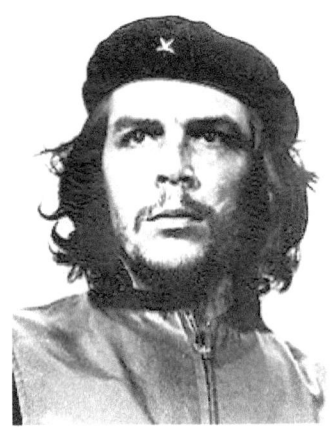

## Che Guevara

O grande revolucionário das
Américas.
Que com um destemor, nunca antes
visto, por aqui passou.

Como médico, concluiu que o
socialismo, para as mazelas sociais,
era o melhor remédio.
Então como revolucionário, deixou a
medicina de lado. E, também, o tédio.

Partiu para a luta e, junto com Fidel,
"libertaram" Cuba.
Então lá chegando foi nomeado
ministro da indústria.

Mas, sua veia revolucionária, enviou-
lhe de volta à luta.
Em Serra Maestra foi tombado.
Deixando a todos o seu exemplo e
legado.

***Diego Brito***

Sua frase inesquecível,
"Hei de endurecer-me, perder a
ternura jamais".
Ainda, por aqui, jaz.

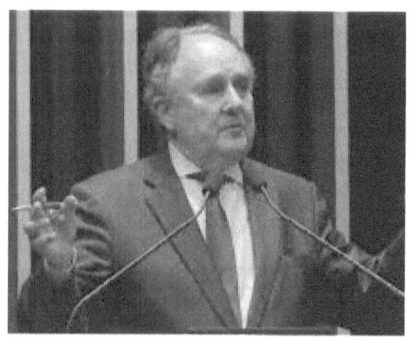

## *Cristovam Buarque*

Um político brasileiro, que aposta na
educação.
Como meio de se promover no Brasil
uma revolução, de progresso e
satisfação.

12

No governo Lula exerceu o papel de
ministro, onde lá pagou de Cristo.
Por telefone foi demitido, então saiu
do partido.

Suas bandeiras nunca foram a de
organizações políticas.
Mas de conceitos como os de ordem e
justiça.
No congresso é isolado, pois reluta
em defender apenas um lado.
A educação e a justiça social é o seu
farol.
E o desleixo e a corrupção não o
fisgam com seu anzol.

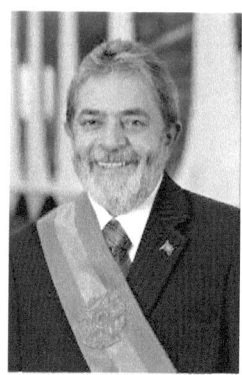

## *Lula*

Ex-presidente do Brasil,
que já foi operário e sindicalista.
Ele veio do nordeste, para a cidade
paulista.
Iniciando ali, sua carreira política.

*Diego  Brito*

Não foi doutor,
muito menos professor.
Mas abriu as portas do conhecimento,
para todo trabalhador.
E foi no seu governo,
que o Brasil vivenciou, seu maior
período de esplendor.

Sua frase predileta,
refere-se a história do Brasil.
Pois sempre dizia que nunca antes,
algo assim, aqui se viu.
A contragosto das elites,
ele ajudou os pobres,
a deixarem de ser tristes.
Pois seu conceito de gente,

ia muito além de apenas quem tinha pertences.

No entanto, seu sucesso acabou por irritar muita gente.
E, por causa disso, queriam arrancar-lhes os dentes.
Com muitas dificuldades ele sobreviveu, às investidas de variadas serpentes.

Então para sucedê-lo elegeu a primeira mulher, da História do Brasil, para o cargo de presidente.

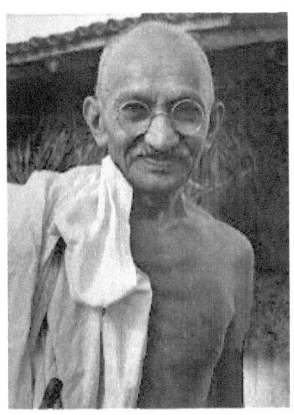

## *Mahatma Gandhi*

É com muito carinho
que falo deste sujeito.
Ele nasceu na Índia
e foi para a Inglaterra estudar direito.

Ao voltar pro seu país,
ficou indignado com a situação do seu
povo dominado.

Com uma naturalidade incrível,
típica do imperialismo.
Um povo que se dizia civilizado
mantinha os indianos acorrentados.

A princípio tentou ser advogado,
mas não teve jeito.
Seu destino já estava traçado,
que consistia em libertar o povo
subjugado.
Através da filosofia da não violência,
lutou com muita eficiência.

18

Expulsando os invasores ingleses,
com a força de sua decência.

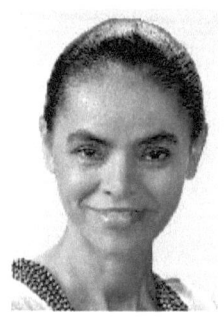

## *Marina Silva*

Uma política brasileira e
ambientalista, que entre outros papéis,
foi senadora e ministra.
Ficou por cerca de 30 anos num
mesmo partido.

Mas, quis o destino, que novos ares
estivessem vindo.
No meio ambiente, como ministra, foi
dissidente. Então, pediu pra sair.

Já, em outro partido, foi candidata à
presidente.
Mas, em sua nova casa, novamente
quis o destino, que mais uma vez
batesse asas.
Pois dizia, que não se pode falar em
democracia, quem a não praticava.

Em meio a tantas ambiguidades,
resolveu montar um partido, chamado
de Rede Sustentabilidade.

*Personalidades em Poesias*

Com posicionamento nem de direita,
nem de esquerda, mas à frente.
Em outras palavras, de novas
possibilidades.

*Diego  Brito*

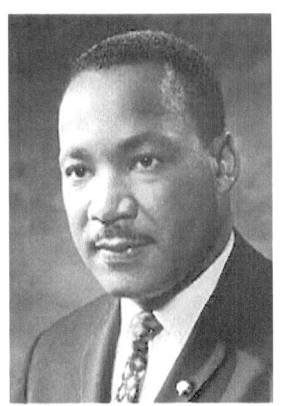

## *Martin Luther King*

É com alegria
que falo deste americano.
Que lutou pela igualdade
entre os negros e brancos.

*Personalidades em Poesias*

Foi uma pessoa diferente,
afirmando em seus discursos
que todo mundo era gente.
Independente dar cor da pele,
uma vez que todos sentem.

A escravidão já tinha acabado,
mas os negros eram deixados de lado.
Então este pastor resolveu guiar seu
rebanho, para fora deste ambiente
estranho.

Foi quando fez ressoar sua voz,
dizendo que o mundo era de todos
nós.

*Diego Brito*

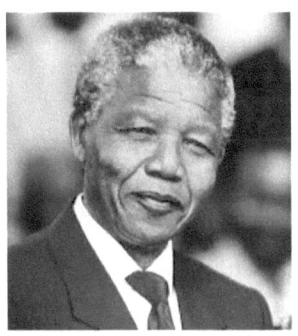

## Nelsom Mandela

Passou 27 anos na prisão, por causa
de sua luta em prol da libertação.
Naquele longínquo país
chamado de África do Sul,
os brancos dominavam os negros,

impedindo-os de vislumbrar um
horizonte azul.
Pois tratava-os com desprezo.

Devido a situação,
ocorre uma luta inevitável,
em prol da libertação
do povo subjugado.

Este homem do povo,
chamado Nelson Mandela.
Lutou por um país novo,
mas foi trancafiado numa cela.

O tempo foi passando,
e o Apartheid continuou.
E, mesmo com Mandela preso,

a luta não acabou.

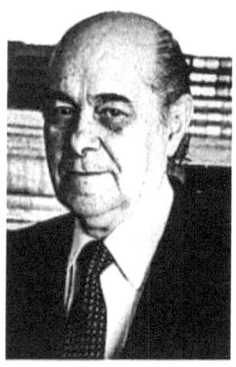 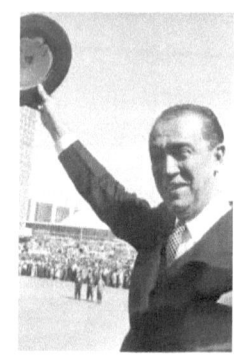

## *Juscelino/Tancredo*

Aqui, nas terras de Minas, também
surgiram grandes políticos.
Dentre eles o nosso saudoso
Juscelino.

28

*Diego  Brito*

Kubitschek, literalmente, assinou um
cheque, em prol do progresso e
desenvolvimento.
Pois em sua filosofia, para se
combater o regresso, não se podia
perder tempo e envolver-se com
retrocessos.

Com seu lema 50 anos em 5,
fez o país apertar os cintos.
Nos deixando muitos presentes,
na sua passagem como presidente.
Dentre eles a fundação de Brasília, a
capital da família.

Podemos também destacar outros
nomes, como o do estimado Tancredo
Neves.
Que deixou o seu legado e um neto
para seguir em frente.

Chega um tempo em que o tempo
chega.
E, quando chega esse tempo.
Chega tempo. Chega de chega!

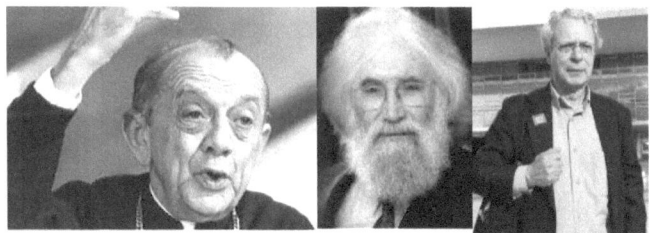

## Helder/Boff/Beto

A tríplice aliança da Teologia da
Libertação.
Que defende um cristianismo vivo,
que chegue na vida de seus irmãos,
mas para muito além de encenação.

A opção pelos pobres é a verdadeira
razão, dos ensinamentos teológicos
para a libertação.
Em outras palavras significa,
a materialização da postura de Cristo,
não apenas na imaginação.

Boff foi silenciado,
Beto trancafiado,
Helder ignorado...
Mas em momento algum,
deixaram Cristo de lado.

Uma igreja secular,
conectada ao mundo real.
Que intervem na melhoria efetiva do
planeta, não apenas no transcendental.

32

Para estes três grandes arquitetos,
de uma igreja sem complexos.
Nada de Mercantilismo,
nada de Capitalismo,
nada de moralismo...

O que importa de verdade,
é o bem-estar dos seres vivos!

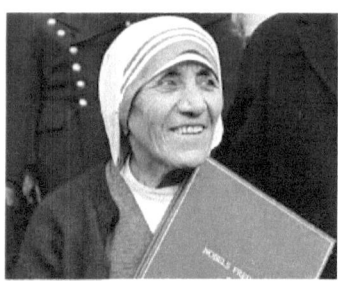

## Madre Tereza De Calcutá

Tereza foi uma mulher diferente,
que exerceu a caridade, sem
precedentes.
Ela trocou o conforto do convento
para se aproximar daqueles que não
tinham alento.
Sua missão deu-se início na Índia.

34

Localizada num continente, de cultura
bem diferente, da que conhecemos no
Ocidente.

Sua maneira de interagir com Cristo,
consistia em ajudar os aflitos.
E, os mais pobres dos pobres, em seus
cuidados, tornava-se um rico.

Dizia que combater as causas da
espoliação não era de fato a sua
missão.
E enxergava na caridade a mais
sublime verdade.
Um possível caminho para a
humanidade.

Chegou a ganhar o prêmio Nobel da
paz.
Demonstrando com seu exemplo,
que uma pessoa simples, pode ser
muito capaz.

*Diego Brito*

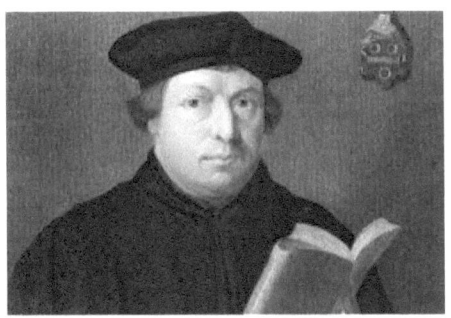

## Martinho Lutero

Lutero não concordava com clero,
e decidiu protestar contra certas
indecências como a venda de
indulgências.
A Bíblia era lida em Latim,
de costas para a plateia.

Então este homem decidido,
lutou para que o evangelho fosse
compreendido.

Precisou muitas vezes emigrar,
estava sempre mudando de lar.
Mas não mudava de lado,
e seus ensinamentos foram logo
divulgados.

Na casa de Cristo,
resolveu lutar pelo cristianismo.
Pois como Cristo foi crucificado,
não ficava facilmente espantado.
Foi o fundador do protestantismo,
mostrando que a igreja universal,
também poderia praticar o mal.

***Diego  Brito***

E que se isso acontecer,
novas igrejas podem florescer.

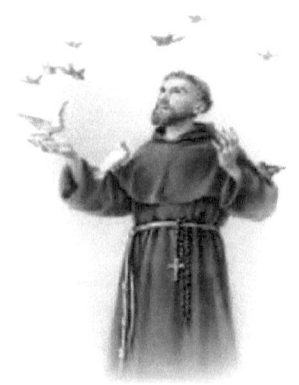

## São Francisco

Vale a pena recordar
um pouco de São Francisco.
Que através de seu exemplo,
fez uma crítica aos ricos.

*Diego  Brito*

Quando ainda jovem,
vivendo na fartura
olhou pela janela
e viu as ruas escuras.
Repleta de pessoas pobres
e cheias de amargura.

Foi quando de repente,
chegou a uma conclusão.
Que não podia mais
concordar com a situação.
Logo tomou uma dura decisão.
Optou pela renúncia
e mudou de condição.

Simplesmente de rico,
passou a pobre.

41

E demonstrou que a humildade
é o único caminho a ser
seguido pelo nobre.

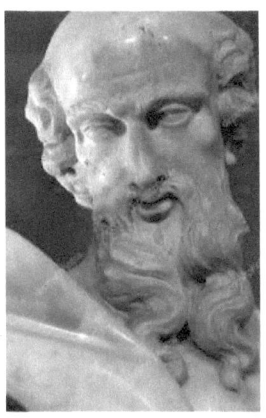

## S⬜o Paulo

O apóstolo da caridade,
que se converteu ao cristianismo.
Após a revelação,
 de que todos somos irmãos.

O interessante da sua história,
é que antes perseguia os cristãos.
Mas decidiu mudar de lado.
Deixou de defender os fortes
e passou a defender os fracos.

Da prática da maldade,
passou a exercer a bondade e,
com muito mais intensidade.
Podemos facilmente verificar suas
atividades, através das muitas cartas
que enviava às comunidades.
De fato São Paulo foi grande,
no que se propôs a fazer.
Tanto foi que, mesmo não estando
diretamente com o Cristo vivo,
recebeu o título de apóstolo.

Fazendo-o por merecer.

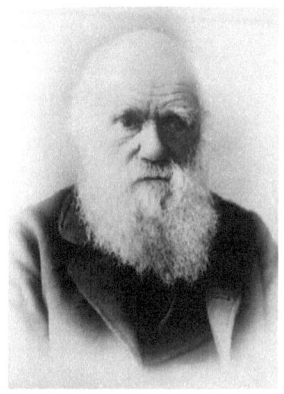

## *Charles Darwin*

Este homem, literalmente,
revolucionou o mundo da ciência.
Com suas belas teorias,

que falavam sobre a vida e de nossa
essência.
A Origem das Espécies,
foi uma jogada de mestre.
Pois demonstrou que a natureza,
beneficia àqueles com maior destreza.

Além de enfrentar as dificuldades da
pesquisa.
Foi necessário contrariar a sociedade,
para demonstrar suas verdades.

Abordo do Beagle,
viajou por muitos lugares.
Observando a natureza em seus
mínimos detalhes.

Movido pelo impulso de sua imensa
curiosidade.

A evolução, portanto,
tem a seleção natural como princípio.
O que lançou as velhas ideias,
direto para o precipício.

Ao longo do caminho,
perdeu uma filha, a tranquilidade e
muitos amigos.
Também quase perdeu a esposa.
Mas no fim provou então,
que seus sacrifícios não foram em
vão.

*Diego Brito*

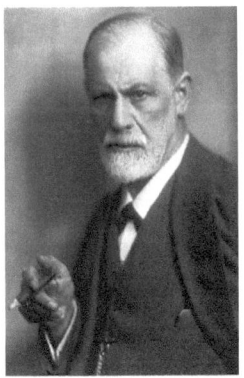

## Freud

O famoso médico austríaco,
muito criticado por suas teorias.
Que tentavam explicar a mente
humana e suas desarmonias.
A sexualidade foi um objeto

49

de suas indagações.
E afirmava ser importante
para o funcionamento pleno dos
homens em suas conclusões.

Ele é o pai da Psicanálise,
que traz o sujeito do inconsciente
como foco da análise.

Dividiu a mente humana
em três esferas diferentes.
Sendo influenciada pelo passado e o
presente.

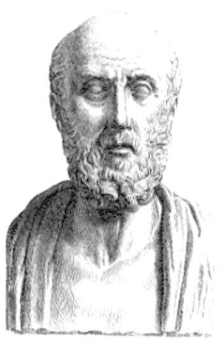

## Hip□crates

Ele é considerado o pai da medicina e
fez do ensino e promoção da cura sua
sina.
No caminho da promoção da saúde
ele dizia, *"que o remédio seja  seu*

*alimento  e  que  o  alimento  seja  seu
remédio"*.
Mostrando que a saúde e boa nutrição
caminhão como irmãos.

Também afirmava que o juramento
do médico consistia,
em levar ajuda e amparo a qualquer
enfermo a noite ou de dia e, por
qualquer via.

*Diego  Brito*

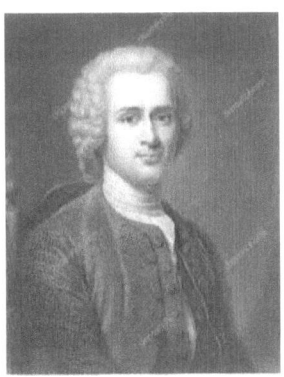

## Jean Jacques Rousseau

 O filósofo iluminista,
que lutou pela deposição,
dos reis sem coração.
Na época das revoluções,
no mundo absolutista.

53

Eles foram guiados,
pelos ideais universais
de um mundo sem injustiças.
Onde a igualdade,
a liberdade e a fraternidade
eram os objetivos em suas vistas.

Rosseau escreveu muitos livros.
Questionando as desigualdades entre
os homens como um de seus
objetivos.
Suas reflexões inteligentes,
abordavam muitos assuntos
diferentes.
Inclusive acerca da origem das
linguagens.
Além da origem das maldades.

54

*Diego  Brito*

No fim demonstrou que com
inteligência e força de vontade,
é possível vencer sim,
todo tipo de tirania e perversidades.

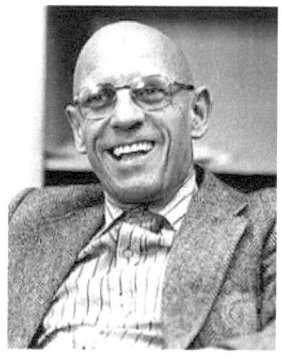

## *Michel Foucault*

Um filósofo contemporâneo, que
percebeu o quanto o exercício do
poder, era estranho.

Pois a sua aplicação no mundo
contemporâneo, voltava-se apenas aos
ganhos.

De maneira específica, ele analisa sua
microfísica.
Através de uma abordagem histórica,
expõe sua lógica.

Defendeu os presos, os loucos, os
discriminados, os injustiçados...
Em suma, lutou por todos àqueles que
viviam acorrentados.

Formou-se em Filosofia e Psicologia,
aprendendo a denunciar as
perversidades com muita maestria.

Na verdade, como todos os grandes,
realizou estudos interdisciplinares,
importantes.

Em defesa da sociedade.
Sua, partida, nos deixou saudades.

*Diego Brito*

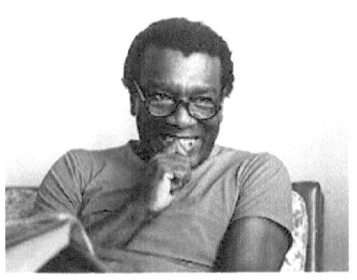

## Milton Santos

O geógrafo brasileiro,
que ensinou no mundo inteiro.
Um baiano de nascimento e coração.
Que, com seus estudos,
 lutava pelos irmãos.

Foi professor, escritor, orador sem
destemor.
Do Brasil foi exilado,
andou por todos os lados.
Assim pôde ver o mundo,
suas riquezas e sujismundos.

Não se calou,
Através das pesquisas do espaço e da
técnica, divulgou sua ética.
Sua Geografia, acompanhada da arte
e da filosofia, ressaltava os corações e
a alegria.

Milton Santos,
De tantos amigos, livros, artigos,
objetivos.

*Diego Brito*

Um apóstolo da justiça, que delatava
as perversidades, da produção de
incapazes.
Um canto de alegria, amor, esperança
e harmonia.
Um profeta do novo mundo, que se
constrói com sonhos profundos.

Milton Santos, um santo?

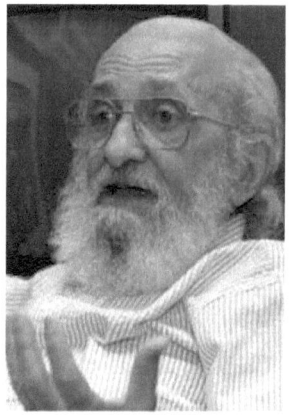

## *Paulo Freire*

Ele nasceu no Brasil,
aqui se formou e lecionou.
As coisas andavam bem,
mas na época da ditadura

recebeu uma notícia dura.
Então precisou ir para o exílio
levando sua esposa e filhos.
Visitou vários países,
criando uma pedagogia
que suscitava a esperança e a alegria.

Trabalhou com a alfabetização de
adultos desenvolvendo abordagens
específicas.
Que despertava nos sujeitos
sua condição política.

Mais do que isso,
Paulo objetivava
um mundo novo possível.
E enxergava na educação

o caminho para uma transformação factível.

*Diego Brito*

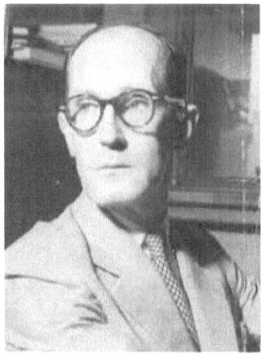

# **Carlos Drummond De Andrade**

Andrade, sem dúvida deixou
saudades.
Com sua genialidade sem
comparação, escrevia com o coração.
Suas rimas, que sempre animam,

que elevam nossa estima,
que nos coloca pra cima.
É produto da mais alta disciplina,
de quem fez do cântico a sua sina.

Ele nasceu nas terras de Minas,
e subiu no mais altar patamar
que a obra de um poeta pode levar.

Escreveu sobre tudo,
com tanta genialidade,
que mais parece um absurdo.
Das montanhas, à dança.
Deixando seus leitores mudos.

Como ele mesmo dizia,
Existem duas categorias de poeta.

O de profissão e o de ocasião.
E, com sua dedicação,
agarrou a poesia como sua mais alta
missão.
Ficando conhecido como o poeta
maior, dentre todos os irmãos.

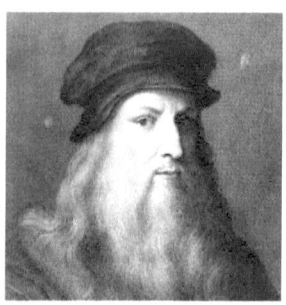

## *Leonardo Da Vinci*

Em outro poema foi dito que o
homem mais inteligente que já
existiu, foi Newton.
Mais essa afirmação é controvérsia,
uma vez que D'Vinci é também
considerado um príncipe, nessa festa.

Um verdadeiro gênio. Tanto que o
conjunto de suas habilidades e
realizações só podem ser descritas,
com justeza, em um compêndio.

Engenheiro, matemático, anatomista,
físico, cientista, artista...
Mas o que de fato elevou sua altura
foi, principalmente, a pintura.
Colocando-o entre os gigantes de
maior envergadura.

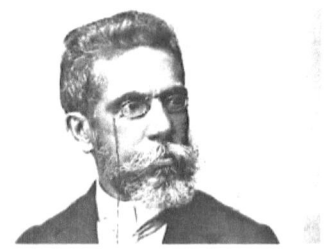

## *Machado De Assis*

Ele situa-se entre os grandes
da nossa literatura.
De descendente de escravo,
Quase chegou a Ministro da
Agricultura.

Parecia conhecer a alma humana,
como as palmas de suas mãos.

E criava seus personagens,
com muita imaginação.

Machado foi sem dúvidas,
um grande achado.
Entre os que se dispuseram a
escrever.
Pois sua obra sublime,
ninguém jamais vai esquecer.

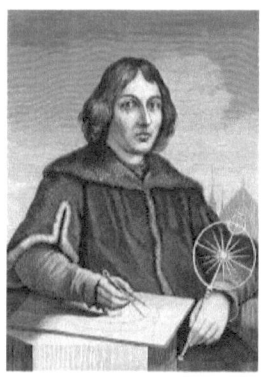

## Nicolau Copérnico

Este homem deu início a uma
revolução acerca da maneira como
percebemos o cosmos.
Retirando a terra do centro do sistema
solar.

E, colocando-a, no seu verdadeiro
lugar.

Antes dele tudo o que se sabia
consistia no modelo geocêntrico.
Onde a terra, estática, estava no
centro.
Suas teorias supõem algo bem radical.
Aonde, agora, o centro era o sol.

Mesmo com a elegância e
consistência das suas ideias,
faltou-lhe provas experimentais.
E, por causa disso,
não agregou plateia.
Apesar de pôr um tempo
adormecidas.

Suas teorias, no futuro, ganhariam
vida.
E foi o que aconteceu,
posteriormente com os trabalhos de
Bruno, Kepler e Galileu.

*Diego Brito*

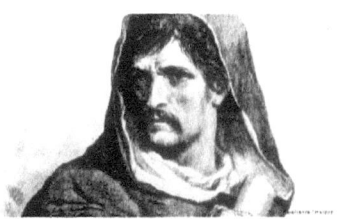

## *Giordano Bruno*

Ele morreu queimado,
mas deixou o seu legado,
na física, filosofia e teologia.
Pois enxergava o universo,
por um outro lado.

Suas ideias foram ousadas para a
época.
 Logo precisou sair da igreja.

E, mesmo na condição de ex-
comungado, continuou com sua
peleja.

Mas em momento algum admitiu,
que sua posição era incorreta e hostil.
Seu corpo pagou por isso e,
depois de cremado, ninguém mais
neste mundo jamais o viu.

*Diego Brito*

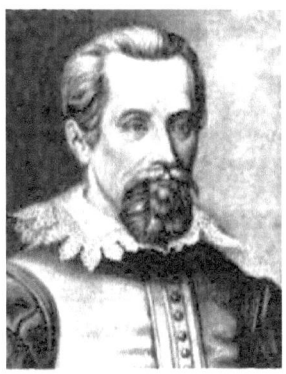

## *Johannes Kepler*

Um astrônomo, astrólogo e
matemático, membro da igreja
protestante.
E, de fato, protestar foi o que fez ao
longo da vida.

77

A todo instante.

Acreditava que Deus havia criado o
mundo de modo inteligível.
Mas que, através da razão,
desvendar seu projeto, era algo
factível.

Formulou as três leis fundamentais da
mecânica celeste.
Mais conhecidas como
as Leis de Kepler.
Depois de muito verificar os dados
acerca das observações dos astros.
Sentiu-se obrigado a abandonar a
ideia de uma órbita circular,
apesar disso lhe desagradar.

*Diego  Brito*

Por ter de contrariar suas convicções,
ficou triste.
Mas no fim reconheceu as órbitas em
forma de elipses.

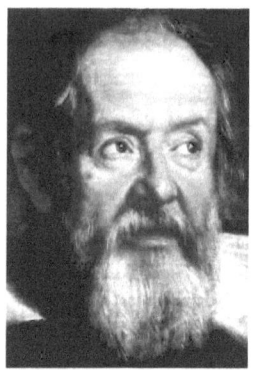

## *Galileu Galilei*

Físico, matemático, astrônomo...
Em, suma um grande gênio da
ciência.
Que em seu tempo revolucionou suas
bases em essência.

*Diego  Brito*

Ele realizou muitas coisas
importantes.
Entre elas o aperfeiçoamento do
telescópio.
O que trouxe-lhe admiradores
vibrantes.

Sua relação com a igreja foi bastante
dual.
Em alguns momentos fora
considerado um grande, em outros um
herege animal.

 Como Kepler, defendia o
geocentrismo.
Onde o sol fica no centro do sistema
solar, como uma mãe com seus filhos.

E, a terra, não se fixa num mesmo
lugar.

Também foi professor,
teve três filhos, mas não se casou.
Foi mesmo com a ciência com quem
de fato se apaixonou.

*Diego Brito*

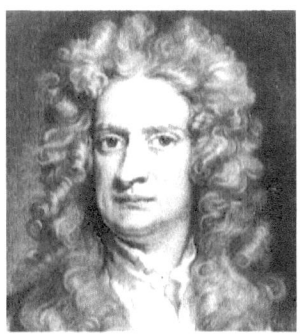

## *Isaac Newton*

Ele é considerado por muitos o
homem mais inteligente que já
existiu.
E, no campo das ciências, jamais
alguém fez o que Newton produziu.
Este homem brilhante,

com empenho alucinante.
Praticamente estruturou a Física e a
Matemática moderna.
Dizendo ter se apoiado sobre os
ombros de gigantes.

Em um de seus momentos de grande
genialidade.
Analisa a queda de uma maça e
desvenda a força da gravidade.

Seus estudos eram interdisciplinares,
incluindo a Alquimia e a Teologia
como objetos de suas análises.

Aperfeiçoou um telescópio,

e entrou para a Royal Society.
Fez da observação dos astros o seu
ópio.
Tendo constantes insights.
Seu livro, Princípios Matemáticos da
Filosofia Natural,
é considerado o Santo Graal das
ciências físicas.
Um marco fenomenal.

Em seu epitáfio o poeta Alexander
Pope registrou:

"A natureza e as leis da natureza
estavam imersas em trevas, DEUS
disse: '*haja Newton e tudo se
iluminou*'".

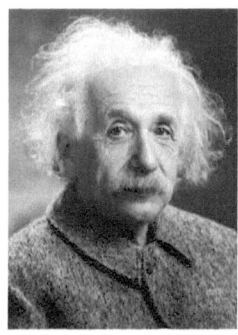

# *Albert Einstein*

Vale a pena ressaltar o trabalho de um
cientista, que admirava o universo
com o olhar de um artista.
Com seu cabelo grande,
e sua língua de fora.
Mais parecia uma criança,

sem vontade de ir embora.

Sua principal ferramenta de trabalho,
além da observação,
foi sem nenhuma dúvida,
o exercício da imaginação.

Também não podemos deixar de lado,
a importância da matemática.
Pois ela lhe forneceu a precisão
cirúrgica, em suas reflexões
entusiásticas.

Literalmente vivia,
com os pés no chão e a cabeça nas
estrelas.

87

Exercendo a reflexão das terças as
segundas-feiras.

Suas belas teorias,
com destaque a relatividade.
Revolucionou o mundo da física,
para toda eternidade.

*Diego Brito*

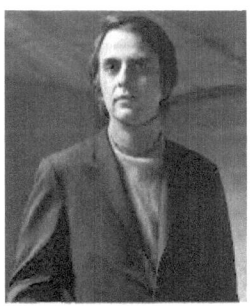

## Carl Sagan

Um astrofísico americano,
que fez do estudo da natureza, com
ênfase aos planetas e as estrelas, o seu
plano.
Um de seus grandes diferenciais,
refere-se a produção de
documentários fenomenais.

Com abordagem multidisciplinar,
que tratavam dos diversos aspectos do
mundo elementar, às galáxias
interestelar.

Não fixou-se em seu laboratório,
fazendo apenas pesquisas.
Ele saiu ao mundo, para demonstrar a
composição da vida.
Sua preocupação com um conflito
nuclear, no período da guerra fria,
o fez anunciar que poderíamos viver
em harmonia.

Não foi sem razão que além dos
papéis de escritor e cientista.

*Diego  Brito*

Atribuíram-lhe também, o título de humanista.

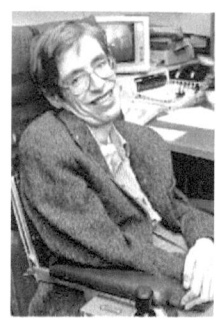

# Stephen Hawking

Com cerca de 30 anos
seu corpo começou a definhar.
E este físico brilhante,
logo não pode mais se movimentar.

Apesar disso persistiu,

*Diego  Brito*

Nos estudos de um universo hostil.
Suas debilidades foram aumentando,
e logo já não podia mais mover um
pano.

Agora só lhe restava a mente,
para desvendar mistérios sem
precedentes.
De um universo a sua frente.

Conhecer os buracos negros,
era seu maior desejo.
Além da origem do universo,
que a princípio não tinha nexo.

O mais importante,
 foi que ele nos provou.

Que nosso maior obstáculo reside
mesmo dentro do nosso próprio
espaço.

*Diego Brito*

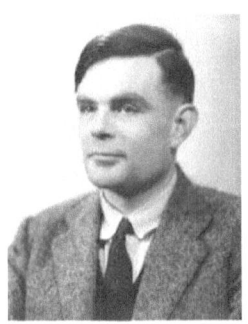

## *Alan Turing*

No mundo computação, não é sem
razão, que Turing é considerado um
campeão.

Este cara pariu estruturas raras,

decifrou códigos complexos deixando
seus observadores perplexos.
Criou teorias astutas, que serviram de
base para a construção de máquinas
muito malucas, que visam imitar os
seres humanos até mesmo em suas
cucas.

No escopo da computação pode ser
considerado um revolucionário.
Na segunda guerra mundial se
destacou, especialmente na esfera da
inteligência. Tudo a ver com sua
essência.

Ajudou a desvendar as comunicações
inimigas, evitando assim que navios

fossem afundados, salvando muitas
vidas.
Seu fim porém, foi triste.
Acusado de homossexualismo foi
preso.
Ficou triste e, pela via do suicídio,
decidiu partir mais cedo.

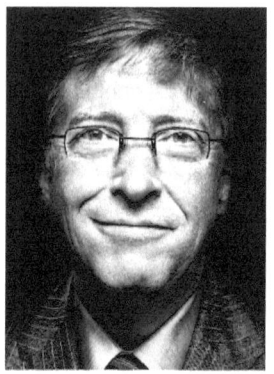

# Bill Gates

Bill Gates, uma magnata do Vale do
Silício que ajudou a popularizar
os computadores de mesa e,
o fez, com muita destreza.

Seu maior trunfo foi a criação do
Windows.
Um sistema operacional que abriu as
janelas do mundo via o  computador
pessoal.

Como recompensa, ficou rico.
Um dos maiores bilionários do último
centenário.
Além disso conquistou fama e
admiração mundial.
Seguindo pela filantropia para ajudar
os que não podia.
A empresa que criou chama-se
Microsoft, que produz programas de
computadores de toda sorte.

Não completou sua graduação em
Harvard. Talvez seja por isso que sua
empresa pouco investiu em
hardwares.

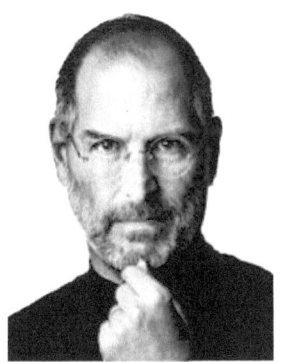

## *Steve Jobs*

Steve foi um grande gênio da criação
que, apenas com um lápis e papel
podia produzir mel.
Foi o criador da primeira interface
gráfica usual.

E, suas criações, rederam-lhe muitos
tostões.
Depois foi imitado, mas sua
genialidade ninguém tinha
encontrado.

Foi um dos pioneiros do desktop
pessoal.
E foi ele quem produziu um dos
modelos mais elegantes e casual.

A Apple foi sua maior empresa,
a qual o inseriu entre os gigantes do
ramo com toda certeza.
Sua partida porém foi trágica,
acometido por um câncer não pode
usar de mágica.

A verdade é que Jobs trabalhou e
criou muito job.

Partindo desta para a melhor ainda
relativamente jovem.
Para o combate de sua doença, a
ciência, não teve muita eficiência.